DECLARATION

DV ROY, DE L'INNOCENCE

de sa tres-honoree Dame & Mere, & de sa volonté, touchant son tres-cher & tres-amé Cousin le Comte de Soissons, sa tres-chere & tres-amee Cousine la Comtesse sa mere, les Princes, Ducs, Pairs, Officiers de la Couronne, & tous autres qui ont assisté sadite Dame & Mere durant ces derniers mouuements.

Publiée en Parlement le 27. Aoust 1620.

A PARIS,

Par FED. MOREL, & P. METTAYER, Imprimeurs ordinaires du Roy.

M. DCXX.

Auec Priuilege de sa Maiesté.

(22.)

(19)

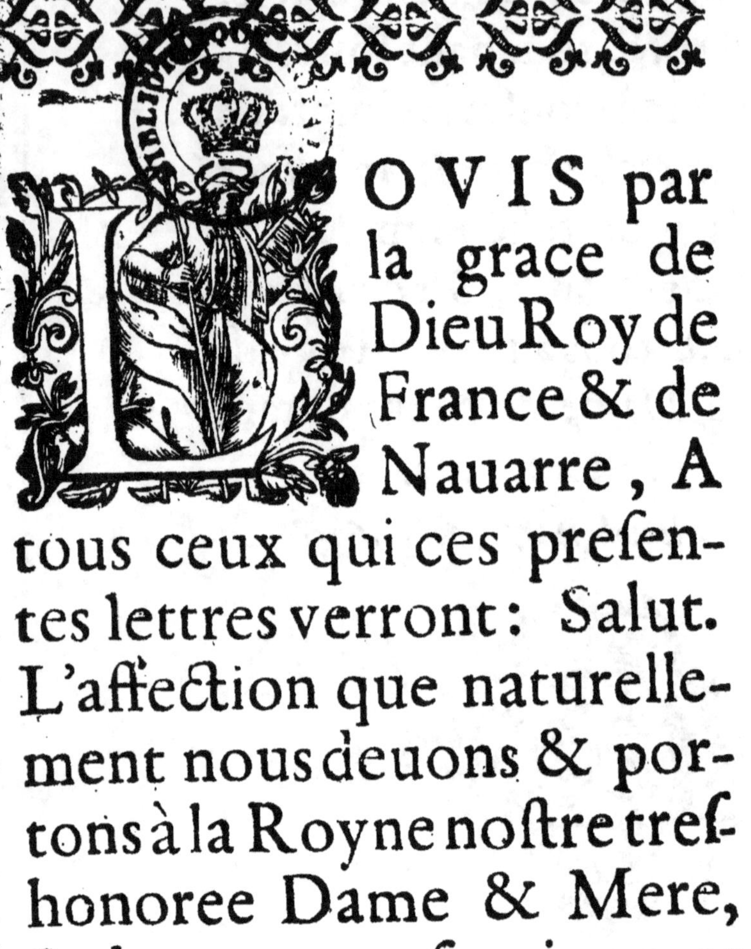

OVIS par
la grace de
Dieu Roy de
France & de
Nauarre , A
tous ceux qui ces presen-
tes lettres verront : Salut.
L'affection que naturelle-
ment nous deuons & por-
tons à la Royne noftre tres-
honoree Dame & Mere,
& les vrays tefmoignages
qu'elle nous a toufiours
rendus de la fienne, Nous

obligeans à croire ce qui
de sa part nous a esté repre-
senté de ses bonnes intentions & inclinatiõs enuers
nous, Faict qu'apres auoir
soigneusement examiné
ses deportements, nous a-
uons trouué que ses intentions n'ont eu autre but
que le bien de nostre serui-
ce & de nostre Estat. Ce
qui faict que nous voulons
que chacun de nos subjects
sçache que nous reco-
gnoissons nostre dite Da-
me & Mere innocente de
toutes choses generale-
ment quelsconques, qui

pourroient estre aduenues
pendant ces derniers mou-
uements. Et afin que cha-
cun soit esclairci de ce qui
est de nostre volonté, tant
pour le regard de nostre-
dite Dame & Mere, que
pour nostre tres-cher &
tres-amé cousin le Comte
de Soissons, nostre tres-
chere & tres-amée cousine
la Comtesse sa mere, les
Princes, Ducs, Pairs, Officiers de la Couronne, &
tous ceux qui l'ont assistee,
sans exception quelcon-
que : Pour ces causes, A-
pres auoir mis cet affaire

en deliberation en noſtre
Conſeil, où eſtoient noſtre
treſ-cher & treſ-amé Frere
vnique le Duc d'Anjou,
noſtre treſ-cher & treſ-
amé Couſin le Prince de
Condé, premier Prince de
noſtre ſang , & pluſieurs
Cardinaux, Ducs, Pairs,
officiers de noſtre Couronne, & principaux Seigneurs
de noſtre Conſeil : De l'ad-
uis d'iceux , & de noſtre
certaine ſcience , pleine
puiſſance & authorité
Royale, Nous auons dit &
declaré, diſons & decla-
rons par ces preſentes ,

pource signées de noſtre main, auoir eu pour agrea-ble ce qui nous a eſté dict & repreſenté de la part de noſtredite Dame & Mere. Et apres qu'elle nous a fait entendre que ceux qui l'ōt aſliſtee durant leſdits mou-uements, n'ont eu que pa-reilles intentions aux ſien-nes, Nous interpretans be-nignement leurs actions pour l'amour d'elle, Nous les receuons & voulons te-nir pour nos bons & fideles ſubjects & ſeruiteurs : Et au cas qu'il y euſt quelque choſe qu'on peuſt pretédre

leur deuoir estre imputee,
comme prise d'armes, enle-
uements de deniers en nos
receptes generales & parti-
culieres , & autres actes
d'hostilité , Nous voulons
qu'ils en soient deschargez,
& les en deschargeõs: sans
qu'il soit besoing d'expri-
mer plus particulierement
toutes lesdites choses, des-
quelles nous estans tres-
bien informez, Nous auõs
esteinct & assoupy la me-
moire :   Interdisans à nos
Procureurs Generaux, pre-
sens & à venir , leurs substituts & tous autres , de les
pour-

poursuiure ny rechercher pour les choses susdites, ny d'en prendre aucune cognoissance. Et oultre ce, voulons & nous plaist, que tous ceux de quelque qualité & condition qu'ils soient, qui ont suiuy & assisté nostredite Dame & Mere, soient remis & restablis en leurs hôneurs, charges, auctoritez, dignitez, & mesmes au Gouvernement des places qu'ils tenoient, & offices qu'ils exerçoient auparauant, suiuant & conformement toutesfois aux Articles par-

ticuliers accordez entre
nous & noſtredite Dame
& Mere: Et ce en vertu des
preſentes, ſans qu'il ſoit beſoing d'autres Lettres. Et
pour l'effect & entiere exe-
cution des preſentes, entãt
que beſoing eſt, Auons re-
uoqué & reuoquons nos
Lettres de Declaration du
vingt-huictieſme iour de
Iuillet dernier : Enſemble
tout ce qu'en conſequence
d'icelles pourroit auoir e-
ſté faict contre ceux y
ſpecialement denommez,
& autres generalement y
compris. Caſſans & reuo-

quans tous Iugements, tant
Ciuils que Criminels, don-
nez par defaux & contu-
maces depuis le premier
iour dudit mois de Iuillet,
iufques à la publication des
prefentes, contre ceux qui
ont fuiuy & afsifté noftre-
dite Dame & Mere.   A la
charge neantmoings que
tous ceux qui voudrõt s'ay-
der & iouïr du fruict de noftre prefente Declaration,
feront tenus, fçauoir ceux
qui ont des forces afsẽblées
foubs leur cõmandement,
huict iours apres la notifi-
catiõ qui leur aura efté fai-

te des preſétes , d'icelles ac-
cepter, & nous en certifier
par eſcrit & ſous leur ſeing,
qu'ils nous enuoyerőt, deſ-
armer , & le pluſtoſt que
faire ſe pourra, remettre de
leur part toutes choſes en
l'eſtat qu'elles eſtoient auparauant: Et generalement
tous ſe departir de toutes
ligues, aſſociations & intel-
ligences , tant dedans que
dehors noſtre Royaume ,
& ſe ranger à l'obeïſſance
qu'ils nous doiuent. Si don-
nons en mandement à nos
amez & feaux Conſeillers,
les gens tenans nos Cours

de Parlemens, Baillifs, Se-
nefchaux , Iuges , ou leurs
Lieutenants, & tous autres
nos Iufticiers & officiers
qu'il appartiendra , chacun
endroit foy , que ces prefentes nos Lettres de De-
claration il facent lire,
publier & regiftrer , & le
contenu en icelles, exacte-
ment executer, entretenir,
garder & obferuer inuiola-
blement de poinct en
poinct, felon fa forme & te-
neur. Car tel eft noftre
plaifir. En tefmoing de-
quoy nous auons faict met-
tre noftre Seel à cefdictes

presentes. Dōné à Briſſac le,
ſeizieſme iour d'Aouſt, l'an
de grace, mil ſix cens vingt:
Et de noſtre regne le vn-
zieſme.

Signé,   **LOVIS.**

Et ſur le reply, Par le Roy,
Signé, DE LOMENIE.

Et ſeellé du grand ſeel
ſur double queuë en cire
iaune.

Et encores ſur ledit reply
eſt eſcrit,

Leuës, publiées, & regiſtrées, ouy

& ce requerant le Procureur general du
Roy, sans comprendre les crimes de sa-
crileges, incendies, assassinats de guet à
pend, violemens & rauissemens de filles
& femmes, & ordonné coppies collation-
nees estre enuoyees aux Bailliages & Se-
neschaussees pour y estre leuës, publiees,
registrees & executees à la diligence des
Substituts du Procureur General du
Roy, qui certifieront la Cour auoir ce
faict au mois. A Paris en Parlement le
vingt septiesme iour d'Aoust, mil six cens
vingt.

Signé,   DV TILLET.